Les enfants jouent
à la Russie

Jean-Luc Godard

Les enfants jouent
à la Russie

phrases
(sorties d'un film)

P.O.L

33, rue Saint-André-des-Arts, Paris 6e

© P.O.L éditeur, 1998

ISBN : 2-86744-624-4

Havas voyages, ici
mademoiselle Amiel
la secrétaire
de monsieur Valenti
est ce que
l'avion pour dimanche
est réservé
quel genre d'avion
un marcel d'assaut
bimoteur
un moteur, ça suffira

c'est moins cher
plus méchant
un moteur, ça suffira
un piper, ça suffira
à dimanche
non, attendez
que je vous le dise
un piper, ça suffira
et vous dites
à dimanche
à dimanche
et vous distribuez
les livres
vous vous souvenez
de ce qu'écrivait
Tolstoï
à son éditeur
qui lui réclamait
les dernières pages
d'Anna Karenine
qui traînaient
depuis des années

mais, mon pauvre ami
disait Tolstoï
Anna a disparu
dès que je saurai où elle est
je vous envoie
les pages

qui est-ce
si le film est bon
c'est un idiot
et si le film est mauvais
c'est un prince
moi, je dirais
plutôt le contraire
Hollywood a toujours confondu
la Russie
avec des soldats
et une danseuse
non, maman
pas aujourd'hui
ma foi
Hollywood est ce qu'il est
et comme le disait
Elisabeth
dans les enfants terribles
pas aujourd'hui
on ne le changera pas
plus aujourd'hui
mais voilà

ce qui s'est passé
pour ce film
exactement
un jour, mon ami
Alcide Jolivet
chroniqueur au petit parisien
de la grande époque
est venu me voir
un producteur de Miami
voulait remontrer aux russes
quelques grandes figures
de leur passé
et les exposer
aux yeux des masses
comme Peter Ustinov
à la fin
de Lola Montes
Anna Karenine
le prince André
la mouette, par exemple
et même l'idiot
votre serviteur

les masses
deux cent millions
fois
un dollar
le calcul est vite fait
en souvenir de
Michel Strogoff, Jolivet
et son vieux complice
Harry Blount
du news chronicle
feraient un reportage
de l'expédition
voici le livre
des deux sœurs
it's not necessary
c'est notre avenir qui est en jeu
si l'on nous empêche
d'aller librement
à l'étranger
nous allons souffrir
nous demandons
seulement

que chaque pays
laisse ses citoyens libres
de voir
lire
ou entendre
ce qu'ils souhaitent
déclare
Jack Valenti, président
de l'association des grands studios
américains
de cinéma
avant de rejoindre
Jack Valenti, le producteur
à l'hôtel Raphael
Alcide Jolivet
de son vrai nom
André Labarthe, allez y
on s'était connu
autrefois, aux cahiers
mademoiselle Amiel
mes journaux
nom de dieu

il me demanda mon avis
voilà ce que j'ai dit
je crois que les voilà
monsieur Valenti
vous faites ce que vous voulez
mais moi
je n'irai pas
la guerre et la paix
votre livre, monsieur
pourquoi est ce
que l'occident veut encore
envahir ce pays
c'est simple, votre livre monsieur
j'ai encore dit cela
page 352
hé bien, après
se répond à lui-même
le prince André
je ne sais pas
ce qu'il y aura
après
je ne veux

et ne peux
le savoir
mais
si c'est cela que je veux
si je veux
la gloire
si je veux être célèbre
si je veux être
plus lentement
la voix plus grave
si je veux être
aimé des hommes
je ne suis pourtant
pas coupable
de le désirer
lentement
de ne désirer que cela
de ne vivre
que pour cela
oui, uniquement
pour cela
je ne le dirai jamais

à personne, mais
mon dieu
que dois je faire
pour dire
que dois je faire
la tête renversée
en arrière
c'est au ciel
que vous parlez
que dois je faire
si je n'aspire à rien
d'autre
qu'à la gloire
et à l'amour
des hommes
la voix grave, la mort
les blessures
les blessures
la perte de ma famille
rien de cela
ne m'effraie
et si chers, si proches

que me soient bien
des êtres
mon père, ma sœur
ma femme
les plus aimés de tous
je les sacrifierai
non, là, sévère
rude
comme
la hache du bourreau
je les sacrifierai
tous
immédiatement
plus rapide
je les sacrifierai tous
oui, mais
plus sévère aussi
je les sacrifierai tous
immédiatement
page 2
première fois
voilà ce que j'ai dit

vous faites
ce que vous voulez
moi
je n'irai pas
avec Hitler
et Napoléon
tous les gens intelligents
profitent
de la situation de
cette pauvre Russie
pour l'envahir
encore
une fois
pourquoi est-ce que l'occident
veut encore
envahir ce pays
c'est simple
parce que c'est la patrie
de la fiction
et que l'occident
ne sait plus quoi
inventer

j'ai encore dit cela
si vous allez
à l'hôtel Raphael
je suis certain que
le portier ressemble au prince André
que les servantes
dans les chambres
ressemblent
aux deux sœurs
et si vous voyez
une femme seule
dans la salle à manger
de l'avenue Kleber
où Kissinger
mit quatre ans à signer
avec les vietnamiens
votre livre
soyez certain
que cette femme ressemblera
comme une sœur
elle aussi
à Anna Karenine

un temps viendra
on comprendra
tout ça
pourquoi ces souffrances
plus de mystère
en attendant, il faut
vivre
il faut travailler
travailler
la musique est si gaie
encourageante
envie de vivre
ô, mon dieu
le temps passera
nous quitterons cette terre
on nous oubliera
nos visages
nos voix
on ne saura plus
nos souffrances se changeront
joie
pour ceux qui viendront

le bonheur
la paix régnera sur terre
on dira du bien
ceux qui vivent maintenant
ô, mes sœurs
notre vie
n'est pas encore terminée
il faut vivre
la musique est si gaie
si joyeuse
un peu de temps encore
nous saurons pourquoi
cette vie
alors, page 2
dernière fois
pourquoi ces souffrances
si l'on savait
et si vous les ramenez en Russie
de la façon
dont vous le projetez
vous vous rendrez complice
d'un crime

Alcide, un crime
car ce ne sont pas des corps
ce sont des âmes
Jolivet répliqua
qu'il ne projetait rien
que c'était l'américain
qui projetait
ce genre d'expédition
les mots
ne sont pas seulement
des indicateurs
mais aussi des facteurs
de l'histoire
le monde historique
est écrit par
le langage
mais il se constitue
d'abord
dans la langue
les concepts de peuple
histoire, nation, par exemple
ne sont pas

de simples évocations
de ce qui est arrivé
depuis 1789
ce qui s'est passé
n'aurait pas pu se produire
si ces mots
n'avaient pas existé
je vous donne
450 000 mots
je ne comprends pas
notre budget est de combien
maman
450 000 dollars
un dollar
par mot
non, ce que l'occident doit faire
c'est accorder une aide
sans commune mesure
avec
ce qui a été fait
jusqu'à présent
pour le reste

c'est aux russes
et à eux seuls
de déterminer quel type
de réforme
ils veulent appliquer
à quel rythme
et jusqu'où

les états unis
n'ont pas à leur dicter
une conduite, d'autant
qu'ils ne connaissent rien
au pays
ni à son histoire

vous avez déjà dépensé
68 dollars
monsieur Jolivet
le 14 juillet 1843
à l'ambassade russe
Balzac fit viser
son passeport
par un secrétaire
qui le reçoit avec
un certain mépris et le décrit
ainsi
dans son journal
un petit homme gros, gras
figure de panetier
tournure de savetier
envergure de tonnelier
allure de bonnetier
mine de cabaretier
et voilà
il n'a pas le sou
donc il va en Russie

il va en Russie, donc
il n'a pas le sou
et n'oublions pas que
le jeune Dostoïevski
a lu
Eugénie Grandet
d'abord en français, ensuite
en russe
après Napoléon
et Hitler
vous pensez
que vous allez réussir
peut être que
vous devriez sacrifier l'audiovisuel
au profit
d'autres secteurs, les cigarettes
le coca cola
les blue jeans
je suis certain
du contraire, je l'affirme
jamais
notre gouvernement

ne fera l'impasse
sur la télévision qui représente
le premier
des principes actifs
de l'économie
de notre pays
et le cinéma
mon pauvre monsieur
il est mort
depuis belle lurette
nous avons conduit Mélies
Stroheim
Eisenstein
au suicide
nous avons payé des allemands
pour fonder l'Universal
et inventer Mickey

et nous faisons
reconstruire actuellement
Auschwitz
par Steven Spielberg

de quoi
parlez-vous
il vous reste
449 827
dollars

l'espoir
leur appartenait
mais voilà
pour les russes
c'est un détail, l'important
est de savoir
à qui
ils appartiennent
eux
quelles puissances
ténébreuses
sont en droit de réclamer
ce peuple
j'ai encore demandé
à Jolivet
s'il connaissait
l'origine de la projection
où était née
l'idée
de projeter quelque chose
avant
l'invention du cinéma

l'invention de l'utopie
non
il ignorait
il m'a demandé
de le dire, mais j'ai dit
plus tard, à Moscou
avant
il faut parler
de l'Europe et de
Fedor Dostoïevski
en 1877
un russe, petit
maigre, pauvre, malade
déclare avec assurance
l'Europe est condamnée
à mort
mais de quoi meurt
l'Europe
elle tient
dans ses mains les deux
tiers du globe
d'individualisme

d'abord
et de Rome
qui a perdu le Christ
déclare l'écrivain
avant l'incarnation
l'homme pouvait
croire à
sa propre innocence
mais depuis
l'incarnation
ce n'est plus pareil
il y a conflit
entre l'église
qui est la société parfaite
des enfants de dieu
et l'état qui est
le corps du péché
sous couleur
de christianisme
Rome restaure
en fait
la démocratie antique

et la domination
universelle
Rome
le Capitole
Washington
qui peut sauver
l'Europe
alors
peut être
la France
mais celle qui a tant peiné
pour soi et
pour l'humanité
jamais
la France n'a été
aussi accablée
de son fardeau
que durant les derniers siècles
alors
jamais non plus
la Russie n'a été aussi nécessaire
à l'Europe

ni plus puissante
aux yeux de celle ci
jamais cependant
elle n'a été mise autant
à l'écart
de toutes les questions
soulevées
sur le vieux continent
jamais
la Russie n'aura pu
se féliciter
avec plus de joie
de n'être pas
la vieille Europe mais
une nouvelle
d'être
à elle même
son propre monde
le journal
d'un écrivain
le journal d'un écrivain
le journal

d'un écrivain
le journal
d'un écrivain
le journal d'un écrivain
le journal
d'un écrivain

mais
est ce que
toutes ces verstes
à parcourir
ne sont pas autant
de versets
que récitent
toutes ces âmes
chantant
le psaume de la Russie
mais
mais
mais
mais
est ce que toutes ces verstes
à parcourir
mais
est ce que toutes ces verstes
à parcourir
ne sont pas aussi
autant de versets
mais

est ce que toutes ces verstes
à parcourir
mais
mais
mais
mais, est ce que
toutes ces verstes à parcourir
ne sont pas aussi
autant de versets
que récitent toutes ces âmes
chantant
alors
le psaume
de la Russie
il me semble bien souvent
dit elle
que les hommes
ne mettent guère en pratique
les beaux sentiments
dont ils font
si volontiers parade
il y a longtemps que

je voulais vous le dire
ajouta t elle

oui, je voulais vous
le dire
continua t elle
vous avez mal agi
très mal
pourquoi me dites-vous
cela
demanda t elle
cela prouve
simplement que
vous n'avez pas de cœur
dit elle
de l'amour
souvenez-vous
que je vous ai défendu de
prononcer ce mot
ce vilain mot
dit elle
il y a longtemps que
je désirais avoir
avec vous
un entretien sérieux

reprit elle
et je suis venue
tout exprès
aujourd'hui
sachant que
je vous rencontrerai
il faut que tout cela
finisse
je n'ai jamais eu
à rougir
devant personne
et vous me causez le chagrin pénible
de me sentir
coupable
tandis qu'elle parlait
sa beauté
prenait une expression
nouvelle
que faut il faire
il faut aller à Moscou
dit elle
demander pardon

n'est ce pas la voix
de nos amis
que hante parfois un écho
des voix
de ceux qui nous ont précédé
sur terre
et la beauté des femmes
d'un autre âge
est elle
sans ressembler
à celle
de nos amies
c'est donc à nous
de nous rendre compte
que le passé
réclame une rédemption
dont peut être
une toute infime partie
se trouve
être placée
en notre pouvoir

il y a un rendez vous
mystérieux
entre les générations défuntes
et celles
dont nous faisons partie
nous mêmes
nous avons été attendus
sur terre
voilà un pays qui a fait
deux fois
la révolution
et qui possède
deux mots
pour image
obraz
et isobrazenié
un
pour réalité, clic clac
Kodak
et un
pour fiction

un plus grand, plus
profond
plus loin, plus
proche
comme le visage
du fils de l'homme
lorsqu'il a été projeté
sur le linge
de Véronique

après la bataille
de Borodino
l'occupation de Moscou
par l'ennemi
et l'incendie de cette ville
les historiens considèrent que
l'épisode
le plus important
de la guerre
de dix huit douze
fut le mouvement de
l'armée russe
la route de Kalouga
vers le camp de
Taroutino
ce qu'on a appelé
la marche de flanc
en arrière
à la suite
de cette bataille, Koutouzov
reçut
une étoile en diamant

à propos de fiction
en 1938
Heisenberg et Bohr
au cours
d'une promenade
arrivent devant
le château d'Elseneur
ce château
n'a rien d'extraordinaire
dit l'allemand
oui, certes, répond
le danois
mais si au lieu
de dire
le château d'Elseneur
on dit
le château d'Hamlet
alors
il le devient

isobrazenié
le château d'Elseneur

obraz
le château d'Hamlet
ce qui manque à la Russie
c'est un Koutouzov
qui sait
ouvrir l'œil
et le bon
comme la caméra
la fiction
obraz
les icônes
j'ai demandé
à Labarthe Jolivet
si on lui avait parlé
de l'image de
la vierge
apparue à Bernadette
quelle Bernadette
celle de Lourdes
elle a vu
la vierge de la grotte
elle entre au couvent

des âmes pieuses
lui envoient
toutes sortes de statuettes
de saint Sulpice
elle les flanque
dans un placard
stupéfaction de la supérieure
ma fille
comment pouvez vous mettre
la sainte vierge
dans un placard
parce que
ce n'est pas elle
ma mère
restupéfaction
ah, et comment est elle
je ne peux pas
vous expliquer
la supérieure écrit à l'évêque
qui apporte
les grands albums
des principales images

de la vierge
ceux du Vatican
il lui montre Raphaël
Murillo, etc
n'oubliez pas que
ça se passe
sous le second empire
qu'elle est
une jeune paysanne
bergère, je crois
qui n'a certainement
vu dans son village
que des vierges
sulpiciennes, baroques
à la rigueur
elle fait non de la tête
toujours non
au hasard des feuillets
passe la vierge de Cambrai
une icône
Bernadette se lève
exorbitée

s'agenouille
c'est elle, monseigneur
une icône
ni mouvement, ni
profondeur
aucune illusion
le sacré
les icônes
les âmes
et cet imbécile de Valenti
de son vrai nom
Eric Johnson
qui a cru qu'on pêchait
les âmes avec
des dollars
une lumière qui rentre
dans la nuit
que c'est une âme
qui rentre
dans la nuit
et encore ça
l'archipel du goulag

est ce que
Jolivet savait le vrai titre
du livre de
Soljenitsine
non, il ne le savait pas
il me demanda
de le dire
et j'ai lu
essai d'investigation littéraire
car la fiction est
un fait
et seuls les faits comptent
peut être
plus pour longtemps
comme disait Céline
en quarante cinq
ma foi
encore un exemple
entre Rome
et la Russie
entre Washington
et Moscou

la guerre du Vietnam vue
par Stanley Kubrick
la réalité
maintenant
la guerre du Vietnam vue
par l'héritier
de Vertov
et d'Eisenstein
le cubain
Santiago Alvarez
la fiction
alors, maintenant
monsieur Jolivet, mon cher
André Labarthe
je peux vous décrire l'origine
de l'espoir
l'origine de l'utopie, l'origine
de la projection
dans une prison de Moscou
Jean Victor Poncelet
officier de génie
de l'armée de Napoléon

reconstruit
sans l'aide d'aucune note
les connaissances géométriques
qu'il avait apprises
dans les cours de Monge
et de Carnot
le traité des propriétés
projectives
des figures
publié en 1822
érige
en méthode générale
le principe de projection
utilisé par Désargues
pour étendre les propriétés
du cercle
aux coniques
et mis en œuvre
par Pascal
dans sa démonstration sur
l'hexagramme mystique
il a donc fallu

un prisonnier français qui
tourne en rond
en face
d'un mur russe
pour que l'application mécanique
de l'idée
et de l'envie
de projeter des figures
sur un écran
prenne pratiquement son envol
avec l'invention de
la projection cinématographique
notons également que
le mur de départ était
rectangulaire
vas-y
cela fera plaisir à notre ami
Nogueira
on peut aussi dire que
ce furent
les premiers débuts
de l'alliance

franco russe
j'en suis un des derniers
survivants
here, my dear
il faut que je vous demande
quelque chose, Harry
j'ai lu votre journal
de Moscou
mon cher Harry, passionnant
mais où sommes-nous
nous sommes au cœur
de ce qui reste
de l'empire de la fiction
à ce propos
vous écrivez qu'il n'y a pas
de champs
contre champs
dans le cinéma soviétique
expliquez moi
ça, un peu
en effet
il n'y a que des icônes

il y a des espaces
ou des personnages découpés
de plus
ou moins près
plus
ou moins
loin
à partir d'une position unique
de la caméra
mais il n'y a pas d'échange
de regards
mais alors, d'où ça vient
le champ contre champ
paf paf paf paf
je ne sais pas, je pense
que c'est aux environs
de 1910
dans le cinéma américain
il leur a paru
plus avantageux d'apprendre
aux gens
à regarder bêtement

au lieu de voir
1910
oui, par là, un peu plus tard
peut-être
je crois que voilà
notre idiot
vous en êtes sûr
on va voir
prince, préparez-vous à venir
à Moscou
avec nous
combien vais-je recevoir
un dollar
un franc français
un franc suisse
un deutschmark
un rouble
peut-être
un kopek
c'est entendu
c'est bien l'idiot
il n'y a même plus de kopek

je reviens dans trois jours
attendez moi ici
on vous a trouvé
une mouette
je suis si fatiguée
me reposer
je suis une mouette
et l'idiot
il est pas là
je sais pas
ça fait rien
là-bas, on en trouvera d'autres
ah oui, je parlais
du théâtre
maintenant, je ne suis
plus la même
je suis devenue une véritable
actrice
je joue avec délice
avec ravissement, en scène
je suis grisée
je me sens merveilleuse

depuis que je suis ici
je marche beaucoup, je marche
et je pense intensément
et je sens croître
les forces de mon âme, et je sais
maintenant
je comprends, monsieur
que dans notre métier, artiste
ou écrivain
peu importe, l'essentiel n'est
ni la gloire
ni l'éclat
tout ce dont je rêvais
l'essentiel, c'est
de savoir
endurer
apprends à porter ta croix
et garde
la croyance
j'ai la foi, et je souffre
moins
et quand je pense à

ma vocation, la vie
ne me fait plus peur
et voilà
ma foi
je ne croyais pas que
ça finirait
comme ça
la mouette s'envole pour Moscou
ou Odessa
dans le coucou
de l'amerlok
comme si un battement d'aile
pouvait ressusciter
l'empire foudroyé
mais peut-être veut-elle simplement
venger l'auteur
du bal, la charmante
Irène Nemirovsky
qui fit le chemin contraire
Moscou, Paris
Auschwitz
quant au prince André

il avait pris le train
avec les deux sœurs
et Anna
et ils se séparèrent
à l'une
des trois gares de Moscou
celle de
la jeune fille au carton à chapeau
étaient-ce d'ailleurs
les vraies sœurs
et la vraie mouette
Anna Karenine, oui
mais le prince André
j'ai des doutes
et la mouette, je ne sais pas
j'espère
en tous les cas
qu'elle finira autrement que
la femme des escaliers
d'Odessa
dans un porno sur l'une
des vingt chaînes de télévision

contrôlée
par la maffia
oui
la fiction
mais encore faut-il
que le réel
mérite que l'on vienne
à son secours
autre chose
les russes ont découvert
le cinématographe
autrement que nous
lorsqu'ils ont vu
l'arrivée d'un train en gare
ils n'ont pas vu
pour la première fois l'image
d'un train
mais une fois de plus
la jeune femme de Tolstoï
qui allait
se jeter dessous
là, se dit elle

au beau milieu
il sera puni
et je serai délivrée de tous
et de moi même

entrez
camarade Eisenstein
bienvenue
entrez camarades Tissé, Vertov
bienvenue
camarade Poudovkine
entrez, bienvenue
camarade Dovjenko
camarade Kaufman
ah, Boris Barnet
bienvenue camarade
Alexandrov, entrez
camarade Romm
bienvenue, entrez
camarade Protozanov
bienvenue
entrez camarade Trauberg
bienvenue
camarades
Koulechov, Kozintsev
camarade Guerassimov
bienvenue

entrez camarades
Tchoukrai, Savtchenko, Donskoï
bienvenue
camarade Medvedkin
camarade Paradjanov
entrez
camarade Tarkovsky
bienvenue
camarade Pellechian
ah, Muratova
bienvenue, entrez
les icônes
la métamorphose
la fiction
un jour, elle reviendra
bergère légère
reprendre sa place dans
la petite troupe
et ceci adviendra
dans ce pays
qui est le sien

auteurs

Tolstoi
Cocteau
Tchekhov
Suares
Dostoïevski
Benjamin
Malraux
Dahan-Dalmedico
Peiffer
Albera

Achevé d'imprimer en mai 1998
dans les ateliers de Normandie Roto Impression s.a.
à Lonrai (Orne)
N° d'éditeur : 1584
N° d'imprimeur : 981264
Dépôt légal : juin 1998
Imprimé en France